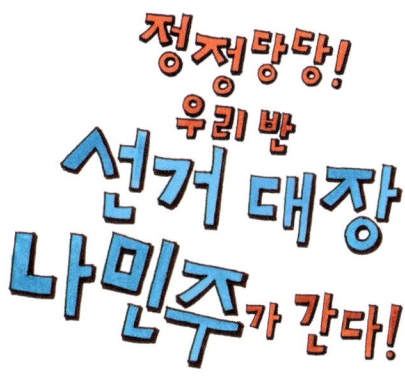

교과서 개념 잡는 초등 사회그림책

선거와 민주주의

정정당당! 우리 반 선거 대장 나민주가 간다!

글 안선모 · 그림 송효정
감수 한국법교육센터

가나출판사

차례

학급 임원 선거가 시작되다 · 6

학급 회장은 왜 뽑을까? · 8

인기 있는 공약과 지킬 수 있는 공약 · 12

3학년 5반 학급 임원 선거 날 · 14

공정한 선거를 위한
선거의 네 가지 원칙 · 17

평범한 나민주, 회장이 되다! · 18

학급 도서 싸움 · 20

다수결로 결정하자! · 22

민주네 마을의 지방 선거 · 24

왜 지방 선거를 할까? · 26

민주 아빠가 지방 선거에 나가다 · 28

두근두근 떨리는 선거 날 · 33

한눈에 보는 지방 선거 과정 · 35

어린이는 정치에 참여할 수 없을까? · 36

시 의원이 된 자랑이 아빠가 하는 일 · 38

쓰레기장이 되어 버린 마을 공터 · 40

지역 살림을 맡아 하는 지방 정부 · 42

옥신각신 주민 공청회 · 44

민주와 자랑이의 아이디어가 빛을 내다! · 46

하나가 된 마을 사람들 · 48

나민주 만세! 3학년 5반 친구들 만만세! · 50

교과서 개념을 다지는 **단계별 워크북**이 들어 있어요.

재미있게 풀고 알차게 공부하는
선거와 민주주의 워크북 · 52

워크북 정답 · 62

**초등 교과서의
핵심 개념을 담았습니다.**

1학년 1학기 봄
– 학교에 가면

2학년 2학기 가을
– 동네 한 바퀴
　동네 사람들을 만나요

4학년 1학기 사회
– 지역의 공공 기관과 주민 참여
　우리 지역의 공공 기관
　지역 문제와 주민 참여

4학년 2학기 사회
– 촌락과 도시의 생활 모습
　촌락과 도시의 특징
　함께 발전하는 촌락과 도시

6학년 1학기 사회
– 우리나라의 정치 발전
　일상생활과 민주주의

학급 임원 선거가 시작되다

"학급 임원 선거가 월요일로 다가왔어요.
우리 반의 대표를 뽑는 중요한 행사라는 것 모두 알고 있죠?"
선생님의 말에 아이들이 우렁찬 목소리로 대답했어요.
"예! 물론이죠."
그때 자랑이가 두 주먹을 불끈 쥐며 말했어요.
"이번 학기에도 꼭 회장이 되고 말 테야."
그러자 교실 여기저기서 수군대는 소리가 들렸어요.
"자랑이는 왜 저렇게 회장이 되고 싶어 하지?"
"아이들 앞에서 으스대고 싶어서 그렇지 뭐!"
"잘난 척하는 회장은 별론데."
"하지만 자랑이는 먹을 것도 잘 사 주잖아."

학급 회장은 왜 뽑을까?

반 친구들의 의견은 서로 달라요.
여러 의견을 하나로 모아야 할 때,
의견을 듣고 결정할 반 친구들의 대표가 필요해요.

청소 당번 정하기
청소 싫어!!

난 칠판 닦기.
쉽고 재미있으니까.

나도 칠판 닦기.

그건 내가 먼저 찜했어.

누구 맘대로?

모두 칠판만 닦으면 다른 곳은 누가 청소하냐?

이럴 때 회장이 필요해!

학급 회의에서 다 같이 정하는 게 어때?

회장

반 친구들 모두가 대표를 할 수는 없어요.

그래서 친구들의 손과 발이 되어 줄 대표, 회장을 뽑는 거예요.

학급 회장은 이런 일을 해요

학급 회장은 학급 회의를 이끌어요.

"청소 당번을 어떻게 정하면 좋을까요?"
"제비뽑기로 정합시다."
"서로 번갈아 합시다."

학급에 필요한 일을 먼저 나서서 해요.

"부회장, 우리가 분리 수거함을 만들자."
"좋아."

선생님을 돕고, 반 친구들의 의견을 선생님께 전하는 일도 하지요.

"학급 회의에서 나온 의견이에요."

"민주야, 난 네가 학급 임원 선거에 나가면 좋겠어."
새롬이의 말에 민주가 깜짝 놀라 말했어요.
"나같이 평범한 애가?"
"회장은 너처럼 친구들을 잘 도와주는 사람이 되어야 해.
너 2학년 때 우리 반 기억 안 나?"
민주는 2학년 때의 일을 떠올려 보았어요.

민주는 고개를 설레설레 흔들었어요. 그때로 돌아가기는 정말 싫었어요.

"내가 반을 잘 이끌 수 있을까?"
"걱정 마! 넌 충분히 잘할 수 있어.
친구들 얘기를 귀 기울여 듣고 학급 일에도 열심이잖아."
"그래, 결심했어. 학급 임원 선거에 도전해 볼게."

인기 있는 공약과 지킬 수 있는 공약

토요일 아침, 연수와 새롬이가 민주네 집에 놀러 왔어요.
"아저씨, 안녕하세요!"
현관에서 민주 아빠를 만나자, 두 아이는 씩씩하게 인사했어요.
민주 아빠는 토요일마다 봉사를 하러 가요.
"민주야, 너네 아빠가 우리 마을 슈퍼맨이라고 소문이 자자해."
민주가 쑥스러워하며 말을 돌렸어요.
"어서 연설문을 만들자."
"가장 중요한 건 공약이야."
"맞아, 맞아! 아이들의 인기를 끌 멋진 공약을 발표해야 해."

"민주야, 우리가 준비한 공약이야. 어때?"

공약
선거에 후보로 나온 사람이 어떤 일을 실천하겠다고 하는 약속

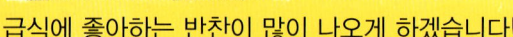
급식에 좋아하는 반찬이 많이 나오게 하겠습니다!

일 년에 네 번 소풍을 갈 수 있게 하겠습니다!

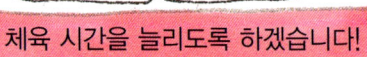
체육 시간을 늘리도록 하겠습니다!

공부를 적게 하고 오락 시간을 많이 갖겠습니다!

"지키지도 못할 그럴싸한 공약은 안 돼!
반드시 내가 실천할 수 있는 공약이어야 해."
한참을 고민하던 민주가 공약을 열심히 쓰더니, 친구들에게 내밀었어요.

선생님이 투표용지를 세어 분단별로 나누어 주었어요.
그런데 한 장씩 가져야 하는 투표용지를 두 장 챙기는 친구들이 있었어요.
선생님이 진지한 얼굴로 모두를 향해 얘기했어요.
"여러분, 선거는 공정해야겠지요?"
"공정한 게 뭐예요?"
"선거에서 후보자들이 공평한 조건에서 겨룰 수 있도록
올바르게 투표하는 거예요.
달리기 경기를 생각해 보세요.
한 친구에게만 유리하도록 출발선을 당겨 준다면 어떻겠어요?"

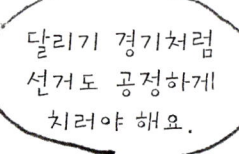

"그건 반칙이에요!"
"그렇죠? 선거도 마찬가지예요.
선거를 공정하게 치르려면 선거의 네 가지 원칙을 꼭 지켜야 해요."

공정한 선거를 위한 선거의 네 가지 원칙

보통 선거

반 친구들은 누구나 임원 선거에서 투표할 수 있어요. 마찬가지로 만 18세 이상의 우리나라 국민은 누구나 나라의 선거에서 투표할 수 있어요.

평등 선거

재산, 성별, 교육 등 개인적 특성에 따른 차별 없이 한 사람이 한 표씩만 투표해요.

직접 선거

자신이 직접 투표해야 해요. 투표는 누구도 대신해 줄 수 없어요.

비밀 선거

자신이 누구에게 투표했는지 다른 사람에게 알려 주지 않아요. 그래야 자유롭게 자신이 원하는 사람을 뽑을 수 있어요.

평범한 나민주, 회장이 되다!

아이들은 투표용지에 자신이 선택한 후보자의 이름을
쓰기 시작했어요.
그때 철민이가 손을 번쩍 들었어요.
"선생님! 자랑이는 자기 이름을 썼어요!"
그러자 자랑이가 얼굴이 빨개져서 뒤를 돌아보았어요.
"너, 비밀 선거도 몰라? 왜 남의 투표용지를 훔쳐보고 그래?"
둘이 아옹다옹 다투는 사이에 투표가 모두 끝났어요.
개표 의원으로 뽑힌 친구들이 투표함을 열었어요.
한 명 한 명 이름이 불릴 때마다 아이들이 손뼉을 쳤어요.
민주와 소연이가 일곱 표로 동점이 되었어요.
"나민주!"
마지막 투표용지가 펼쳐지고 민주의 이름이 불리자
아이들이 벌떡 일어나 소리를 질렀어요.
"민주가 한 표 차이로 회장이 되었다!"

난 부회장도 좋아.

학급 도서 싸움

민주네 반에서는 학급 도서 때문에
자주 실랑이가 벌어지고 있어요.
"이자랑! 너 그 책 아직도 읽고 있어?
벌써 열흘이나 됐잖아."
"아직 못 읽었거든!"
"그 책이 네 책이야?"
"어쩌라고! 아직도 못 읽었는걸!"
아이들은 읽고 싶은 책 때문에 자주 말다툼을 벌였어요.
"나민주! 이게 바로 네 공약 때문이야!"
민주는 어찌해야 좋을지 몰라 두 눈만
끔벅거리고 있었어요.
그때 소연이가 말했어요.
"학급 회의를 열어 민주적으로 해결하자."

민주적인 게 뭘까?

한 사람 마음대로가 아니라, 모두의 생각을 모아 결정하는 것.

자기 의견만 고집하지 않고, 다른 사람의 의견에도 귀 기울이는 것.

성별, 나이, 생김새, 재산, 피부색 등에 상관없이 누구나 자유롭게 자기 생각을 말할 수 있는 것이에요.

다수결로 결정하자!

5교시에 임시 학급 회의가 열렸어요.
회장인 민주가 회의를 진행했어요.
"요즘 학급 도서 때문에 다툼이 많아졌습니다. 어떻게 해결하면 좋을까요?"

이제 다수결로 결정하겠습니다. 벌칙이 필요하다고 생각하는 사람은 손을 들어 주십시오.

찬성

1 2 3 4 5 6 7 8 9 10 11 12 13 14 15

벌칙이 필요 없다고 생각하는 사람은 손을 들어 주십시오.

반대

1 2 3 4 5 6 7 8 9 10

다수결로 결정이 나면 내 의견과 다르더라도 따라야 해요. 다 함께 의논하고 결정한 거니까요.

벌칙을 만들기로 결정됐습니다.

하지만 다수결로 결정되지 않은 소수, 즉 더 적은 사람의 의견도 존중해야 해요. 그중에도 좋은 생각이 있거든요.

벌칙이 심하면 부작용이 생긴다는 반대 의견도 일리가 있습니다.

다 함께 합리적인 벌칙을 생각해 봅시다.

민주네 마을의 지방 선거

수업이 끝나고 민주는 친구들과 함께 집으로 돌아가고 있었어요.
구청 앞을 지나는데 구청 직원 아저씨가 커다란 종이를 붙이고 있었어요.
"저게 뭐지?"
민주의 말에 새롬이가 얼른 대답했어요.
"저거 포스터 아냐?"
"선거 홍보 벽보야. 우리 엄마가 그러는데, 곧 지방 선거를 한대."

연수의 말에 민주는 눈을 크게 떴어요.
"지방 선거?"
"우리 동네를 위해서 일할 일꾼을 뽑는 거야."
"어? 우리 아빠는 주민들을 대표하는 사람을 뽑는 거라고 했는데?"
그러자 벽보를 붙이던 아저씨가 껄껄 웃으며 얘기했어요.
"모두 맞는 말이란다.
주민들을 대표해서 지역을 위해 일할 일꾼을
뽑는 게 바로 지방 선거지."

왜 지방 선거를 할까?

우리나라의 주인은 국민이에요.
하지만 나라의 일을 결정하는 데 국민 모두가 직접 참여하기는 어려워요.
국민은 자신의 의견을 대신해 나라의 일을 해 줄 대표가 필요해요.

그렇게 사람들이 자신을 대신할 대표를 뽑는 것이 선거예요.

우리나라에는 대통령 선거, 국회 의원 선거, 지방 선거가 있어요.

나라를 대표하고 나라의 일을 책임지는 사람	국민의 의견을 법으로 만드는 사람	지역 주민들을 대표해 지역을 돌보는 사람
대통령	국회 의원	지방 자치 단체장 지방 의회 의원

나라 전체의 살림은 대통령과 정부가 해요. 하지만 정부가 전국에 있는 지역 곳곳의 사정을 정확히 알기는 어려워요.

각 지역의 문제는 지역 사정을 잘 아는 그 지역 주민들이 더 잘 해결할 수 있어요. 그래서 지방 선거로 지역의 일을 해결할 지역의 대표를 뽑는 거예요.

지역마다 환경이 다 다르기 때문에, 생기는 문제와 해결 방법도 각기 달라요. 이렇게 지역 주민들과 대표가 지역의 일을 스스로 결정하고 처리하는 것을 지방 자치라고 해요.

지방 자치는 땅에 넓게 퍼진 풀뿌리처럼 지역 주민 한 사람 한 사람의 참여로 이루어지기 때문에 풀뿌리 민주주의라고도 부른답니다.

민주 아빠가 지방 선거에 나가다

요즘 마을 사람들은 모이기만 하면 지방 선거 얘기예요.
"시 의원 후보자로 옆 마을 민덕기 씨가 나왔대."
"도 의원 후보자는 누가 나오려나?"
"마을을 사랑하고 발로 뛸 수 있는 사람을 뽑아야지."
민주는 어른들의 얘기를 들으며 곰곰이 생각했어요.
'우리 마을을 잘 아는 분이 뽑히면 좋겠다.'

지역 살림을 맡아 하는 지방 자치 단체장을 뽑아요.

특별시장, 광역시장, 특별자치시장, 도지사,
특별자치도지사, 시장, 군수, 구청장이
지방 자치 단체장이에요.

지역을 위한 결정을 하는 지방 의회 의원을 뽑아요.

특별시 의원, 광역시 의원, 특별자치시 의원,
도의원, 특별자치도 의원, 군 의원, 구 의원이
지방 의회 의원이에요.

몇몇 어른들이 민주 아빠를 설득했어요.
"누구보다 마을을 위해 열심이잖아요.
그런 사람이 의원이 되어야 우리 지역이 살기 좋게 되지 않겠소?"
민주 아빠는 마음을 굳힌 듯 외출 준비를 서둘렀어요.
"민주야, 아빠가 도 의원 후보자로 등록하러 가는데 같이 갈래?"
"아빠! 정말 선거에 나가는 거예요?"
민주는 왠지 가슴이 벌렁벌렁 뛰었어요.
아빠가 후보자 등록을 하는 동안 민주는 밖에서 기다리고 있었어요.
잠시 후에 민주 아빠와 자랑이 아빠가 나란히 사무실을 나왔어요.
"허허, 네가 자랑이네 반 회장 민주구나!"
마을 일에 늘 발 벗고 나서던 자랑이 아빠는 시 의원 후보자로 등록했어요.

선거 운동이 시작됐어요.
후보자들은 마을 곳곳을 돌아다니며 자신을 대표로 뽑아 달라고 얘기했어요.
민주는 아빠를 따라 공약을 알리러 거리에 나서기도 하고,
토론회에 참석해서 다른 후보자들의 공약을 듣기도 했어요.
후보자들의 공약은 서로 달랐어요.
민주 아빠는 '아이들을 안심하고 키울 수 있는 안전한 지역 만들기'를
공약으로 내걸었어요.
많은 사람들이 민주 아빠의 공약을 마음에 들어 했어요.
물론 다른 후보자의 공약을 마음에 들어 하는
사람도 많았지요.

두근두근 떨리는 선거 날

드디어 투표하는 날이 되었어요.
아침 일찍 민주는 엄마, 아빠를 따라 투표소에 갔어요.
엄마와 아빠 뒤로 사람들이 줄을 서서 차례차례 투표를 했어요.
아빠가 홀가분한 얼굴로 말했어요.
"선거가 끝나면 투표함을 모두 모아서 개표를 시작할 거야.
이제 편안한 마음으로 결과를 기다리면 돼."

왜 꼭 투표를 해야 할까?

선거에서 뽑힌 사람들은 지역에서 중요한 결정을 하게 돼요.

"우리 지역의 환경 문제를 개선하겠습니다."

그 결정에 따라 계획이나 지역의 법인 조례도 바뀌고, 주민들의 생활도 바뀌게 되지요.

"마을이 깨끗해지니 정말 좋군."

그래서 투표에 꼭 참여해야 한답니다.

"중요한 결정을 아무에게나 맡길 수는 없지."

투표 용지 받는 곳

"신분증을 깜빡했는데 어쩌죠?"

"본인인지 확인하려면, 신분증이 꼭 필요해요."

본인 확인하는 곳

개표는 늦은 밤까지 계속되었어요.
'자랑이 아빠가 당선되면 자랑이가 엄청 으스대고 다니겠지?'
민주의 속마음을 들여다본 아빠가 씩 웃으며 말했어요.
"민주야, 아빠가 당선되면 아마 너도 그럴걸?"
민주는 그런 생각을 한 자신이 부끄러워 고개를 푹 숙였어요.
드디어 개표 결과가 나왔어요.
자랑이 아빠는 시 의원에 당선되었지만, 민주 아빠는 안타깝게 떨어지고 말았어요.
"아빠는 결과에 승복한다. 그렇다고 해서 내가 정치에 참여하지 않는 건 아냐.
앞으로 지역 주민으로서 더 열심히 정치에 참여할 거란다."

⑥ 당선증 발급
당선자는 당선증을 받고 임기를 마칠 때까지 지역을 위해서 일해요.

한눈에 보는 지방 선거 과정

① 선거인 명부 작성
선거 관리 위원회에서 투표할 수 있는 사람들의 명단을 만들어요.

② 후보자 등록
지역의 대표가 되고 싶은 사람은 선거 관리 위원회에 후보자로 등록해요.

③ 선거 운동
후보자는 지역 주민들에게 공약을 알리고 자신을 뽑아 달라고 얘기해요.

④ 투표
선거 날 주민들은 투표소에 가서 마음에 드는 후보자에게 투표해요.

⑤ 개표 및 당선자 결정
선거 관리 위원회에서 투표용지를 하나씩 확인하여 가장 많은 표를 얻은 후보자를 당선자로 결정해요.

어린이는 정치에 참여할 수 없을까?

만 18세가 되기 전에는 나라에서 하는 선거에 참여할 수 없어요.
그럼 어린이는 정치에 참여할 수 없는 걸까요?
아직 어리니까 정치가 뭔지 몰라도 될까요?

정치는 문제 해결사
많은 사람들이 함께 살다 보면 이런저런 문제가 생겨요. 사람들의 다양한 의견을 잘 조율해서 문제와 다툼을 해결하는 것이 정치예요.

누구나 정치의 영향을 받아요
어른뿐 아니라 어린이도 정치의 영향을 받아요. 등교 시간, 방학, 교과서, 시험, 급식 등이 정치 활동을 통해 정해져요.

어린이가 하는 정치
학급 회의와 학급 임원 선거도 정치예요.
또한 가족 회의로 가족의 중요한 일을 결정하는 것도 정치이지요.

사회 발전을 위한 행사에 참여해요
환경 보호 운동, 쓰레기 줍기, 불우 이웃 돕기 같이 사회를 위한 행사에 참가하는 것도 정치 참여예요.

적극적으로 의견을 보내요
주변을 관심 있게 관찰하는 것이 정치 참여의 시작이에요. 마을에서 불편한 점이나 좋은 의견이 있으면 지방 자치 단체나 지역 신문에 의견을 보내세요.

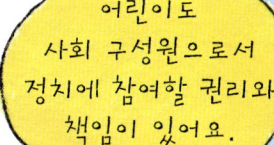

시 의원이 된 자랑이 아빠가 하는 일

이제부터 자랑이 아빠는 4년 동안 시 의원으로 일할 거예요.
시 의원들이 모여 일하는 시 의회로 출근한 자랑이 아빠는
눈코 뜰 새 없이 바빠졌어요.

자랑이 아빠는 마을 곳곳을 다니며,
사람들에게 마을의 어떤 점이 불편한지
어떤 점이 바뀌면 좋겠는지
물어봤어요.

> 작년에 샛별 초등학교 아이들이 식중독에 걸렸잖아요. 급식을 마음 놓고 먹을 수 있으면 좋겠어요.

학부모들의 얘기를 들은
자랑이 아빠는 안전한 학교 급식을
위한 조례를 만들기로 했어요.
지역의 일을 처리하기 위해
지방 의회에서 만드는 법이 조례예요.

> 안전한 학교 급식을 위한 조례를 만듭시다.

쓰레기장이 되어 버린 마을 공터

민주네 마을에는 오랫동안 비어 있는 공터가 하나 있어요.
요즘 그곳에 몰래 쓰레기를 버리는 사람이 늘고 있어요.
"조금 있으면 날이 더워져 전염병이 돌지도 몰라요."
"벌써부터 악취 때문에 못 살겠어요."
마을 사람들의 말을 가만히 듣고 있던 민주 아빠가 말했어요.
"공터에 마을에 필요한 공공시설을 만들어 달라고 시청에 건의하면 어떨까요?"
"그게 좋겠어요."

옥신각신 주민 공청회

시청에서는 공터에 마을을 위한 공공시설을 지을 계획을 세웠어요.
시 의회에서도 계획에 찬성했지요.
그런데 주민들의 의견이 모두 달라 어떤 공공시설을 지으면 좋을지
의논하려고 공청회가 열렸어요.
공청회는 지역의 중요한 일을 결정할 때
주민들과 전문가의 의견을 듣기 위해
마련하는 자리예요.

민주와 자랑이의 아이디어가 빛을 내다!

사람들의 의견은 영 좁혀지지 않았어요.
그때 자랑이가 나서서 말했어요.
"모든 사람의 요구를 다 들어주면 되잖아요.
놀이터도 만들고, 경로당도 만들고, 도서관도 만들고!"
자랑이는 아빠가 시 의원이 되자 많이 달라졌어요.
학급 일에도 적극 참여하고, 마을 일에도 부쩍 관심이 많아졌어요.
자랑이의 말을 듣고 있던 민주가 갑자기 쓱싹쓱싹 그림을 그렸어요.
"아빠, 이렇게 하면 어때요?"
"아하! 이거 좋네!"
민주 아빠가 그림을 들고 일어나
사람들에게 보여 주었어요.

3층이 경로당이면 햇빛이 잘 들어 좋겠네.

이 놀이터는 비가 와도 눈이 와도 끄떡없이 놀 수 있겠어요.

3층 (경로당)
2층 (도서관)
1층 (놀이터)

하나가 된 마을 사람들

공청회가 열린 뒤로 마을에는 많은 변화가 생겼어요.
마을 공터에는 건물이 지어지고 있어요.
새로 짓는 건물의 이름은 '모두사랑방'으로 정해졌어요.
마을 사람 모두의 의견이 들어간 곳이라
그렇게 이름 지었어요.
이제 공터에 쓰레기를 함부로 버리는 사람도 없어졌고
마을 사람들도 무척 친해졌지요.

마을 순찰대 모임

아빠들은 마을 순찰대를 만들어 밤마다 마을 곳곳을 순찰하기로 했어요.
'모두사랑방'이 완성되면 엄마들은 교대로 도서관 도우미를 하기로 했고요.
할머니, 할아버지들은 전통문화 보존을 위해 여러 가지를 준비하고 계세요.
자랑이 아빠는 매일 '모두사랑방'에 들러 잘 지어지고 있는지 꼼꼼히 살펴봤어요.
시 의회에서 결정한 일이 잘되고 있는지 확인하는 것도 시 의원의 일이에요.

나민주 만세! 3학년 5반 친구들 만만세!

마을에서 일어난 한바탕 소동 뒤에 민주네 반 친구들의 태도도 많이 변했어요.
너도나도 학급 일에 적극적이고 열성적으로 참여하게 되었지요.
모두가 열심히 참여할수록 마을이 더욱 좋아지는 걸
직접 보았기 때문이에요.

"학급 회장을 한 번 더 했다가는 병나겠어."
민주의 말에 아이들이 아우성쳤어요.
"너는 우리 모두에게 고마워해야 해.
세상에서 가장 평범한 너를 멋진 회장으로 만들어 준 게 누군데?"
그때 자랑이가 다가와 민주의 어깨에 손을 척 얹으며 말했어요.
"너의 임기는 아직 끝나지 않았다는 걸 명심해!
우리가 항상 지켜보고 있다는 것도 잊지 말고!"

엄살은!
회장 임기 끝나려면
아직 멀었어.

1단계 스스로 테스트 — 나는 민주적인 사람일까요?

사람들이 어울려 살다 보면 다툼과 갈등이 생깁니다. 이때 필요한 것이 바로 민주적으로 다툼과 갈등을 해결하는 방법이지요. 가족, 친구들과 함께 있을 때 나는 얼마나 민주적인지 알아보아요. 아래 내용을 읽고 나와 같으면 O에, 다르면 X에 표시하세요. 다음 쪽의 정답과 비교해 보고 결과를 확인하세요.

① 항상 내 의견이 다른 사람의 의견보다 낫다고 생각한다. [O] [X]

② 짝이 못하는 게 있으면 친절하게 가르쳐 준다. [O] [X]

③ 친구들과 모둠 활동을 할 때 모두 같이 의논하고 결정한다. [O] [X]

④ 친구들과 놀 때 내가 하고 싶은 놀이를 끝까지 주장한다. [O] [X]

⑤ 친구가 하자는 대로 따라 하고 내 의견을 말하지 않는 편이다. [O] [X]

⑥ 교실에 떨어져 있는 쓰레기를 보면 못 본 척 지나간다. [O] [X]

⑦ 친한 친구를 학급 회장으로 뽑아야 한다고 생각한다. [O] [X]

⑧ 학급 임원 선거 전에 먹을 것을 사 준 친구를 뽑는다. [O] [X]

⑨ 학급 회장은 봉사를 잘하고 친구들의 의견을 잘 듣는 친구가 되어야 한다. [O] [X]

⑩ 학급 회장의 말은 무조건 따라야 한다. [O] [X]

⑪ 학급 회의는 필요 없다고 생각한다. [O] [X]

⑫ 학급 회의에서 결정한 일을 지키지 않아도 괜찮다. [O] [X]

⑬ 학급 회의에 적극적으로 참여한다. [O] [X]

⑭ 학급 회의에서 많은 수가 찬성하는 쪽을 따라 찬성한다. [O] [X]

여러분이 표시한 것과 아래 정답이 몇 개나 같은지 세어 보세요.

① ✗ 다른 사람의 의견도 소중하니까 잘 들어 보아야 합니다.

② ○ 모든 것을 잘하는 사람은 없어요. 내가 못하는 것이 있을 때 친구가 도와주면 고맙겠지요? 다른 사람의 부족함을 감싸 주고 도와주는 멋진 친구가 되어 보세요.

③ ○ 작은 일도 함께 의논하고 결정하면 모두가 만족할 수 있어요.

④ ✗ 언제나 내가 하고 싶은 놀이를 할 수는 없어요. 때로는 하기 싫은 놀이라도 즐거운 마음으로 참여해야 합니다.

⑤ ✗ 어떤 일을 하더라도 자신의 의견을 표현해야 후회하지 않아요.

⑥ ✗ '나 하나쯤이야' 하는 잘못된 행동은 다른 사람은 물론 나에게도 피해를 줍니다.

⑦ ✗ 나와 친한 정도보다는 학급을 위해 일할 수 있는 사람인지를 먼저 생각해야 합니다.

⑧ ✗ 나의 학교 생활을 결정할 투표가 중요한지, 순간의 즐거움이 중요한지 생각해 보세요.

⑨ ○ 즐거운 학급, 멋진 학급이 되려면 어떤 사람이 회장이 되어야 할지 생각해 보세요.

⑩ ✗ 학급 회장이 늘 옳은 말만 하는 것은 아니에요. 회장의 말이라도 잘 판단해서 따라야 해요.

⑪ ✗ 민주적인 학급을 만들기 위해서는 학급 친구들이 참여하는 학급 회의가 꼭 필요합니다.

⑫ ✗ 학급의 규칙은 모든 학급 친구들이 회의를 거쳐 만든 것이므로 꼭 지켜야 해요.

⑬ ○ 학급의 일은 곧 내 일이므로 적극적으로 참여해야 합니다.

⑭ ✗ 많은 수가 찬성한다고 해서 반드시 좋은 의견은 아니랍니다.

내 상태는?

맞은 개수 10~14개
짝짝짝!
민주적인 어린이예요.

맞은 개수 5~9개
조금만 노력하면 민주적인 어린이가 될 수 있겠어요.

맞은 개수 0~4개
저런! 조금 더 노력해야겠군요.

 ## 민주주의 미로 찾기

민주가 민주적인 3학년 5반을 찾아가려고 해요. 민주가 잘 찾아갈 수 있게 도와주세요.
표지판의 설명이 맞으면 O쪽, 틀리면 X쪽으로 가세요.

- 출발
- 다수결로 내린 결정은 항상 옳아요.
- 국민 모두가 나라의 일을 결정하는 데 직접 참여할 수 있어요.
- 선거는 사람들이 자신을 대신할 대표를 뽑는 일이에요.
- 우리나라에는 대통령 선거, 국회 의원 선거, 지방 선거가 있어요.
- 우리나라의 주인은 대통령이고, 대통령 마음대로 나라를 다스릴 수 있어요.
- 어린이는 정치와 아무 상관이 없어요.
- 환영합니다 / 민주적인 3학년 5반

 우리나라는 국민이 나라의 주인이며, 국민을 위해 나라를 운영하는 민주주의 정치 제도를 따라요. 국민은 자신을 대신해 나라의 일을 해 줄 대표를 선거를 통해 뽑아요.

2단계 개념 확인 활동: 선거의 원칙을 지켜요!

친구들이 선거에 대해 잘못 알고 있어요. 친구들에게 알려 줘야 하는 선거의 원칙에 줄을 그어 주세요.

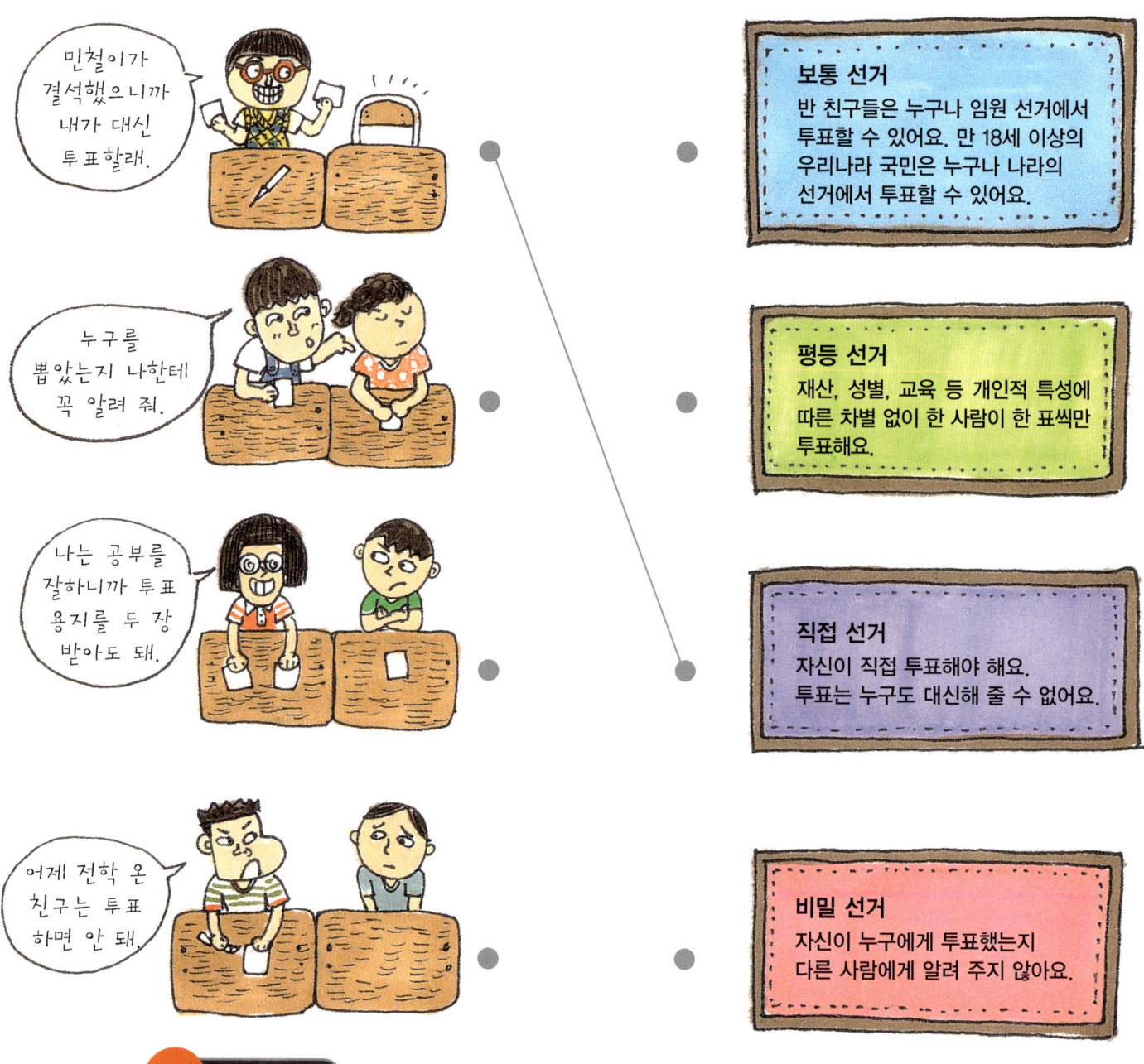

개념 쏙쏙 선거의 원칙은 선거를 공정하게 치르기 위해 정해진 것이에요. 또한 선거 관리 위원회에서 공정한 선거를 위해 선거 과정을 관리하고 당선자를 결정해요.

2단계 개념 확인 활동: 선거와 민주주의 퀴즈 대회

민주가 내는 문제를 보고, 맞는 답을 한 친구에게 O를 그려 주세요.

2단계 개념 확인 활동 | 지방 정부는 어떤 일을 할까요?

도청, 시청, 군청, 구청은 지역의 살림을 맡아 하는 지방 정부예요. 지방 정부는 어떤 일을 할까요? 지방 정부 그림에서부터 엉킨 줄을 따라가 확인해 보세요.

지역에 필요한 조례를 만들거나 고쳐요.

지역이 발전할 수 있도록 여러 가지 계획을 세우고 실천해요.

지역에 필요한 도로, 공원, 도서관 등 공공시설을 설치해요.

지역 살림에 돈을 어떻게 쓸지 계획한 예산안을 살피고 결정해요.

다양한 행사를 열어 지역의 문화를 알리고 주민들을 즐겁게 해 주어요.

지역 주민들이 직접 뽑은 지방 자치 단체장이 이곳의 대표예요.

 개념 쏙쏙
지방 정부는 지역을 위한 여러 가지 계획을 세우고 실천해요. 도로, 공원 등 공공시설을 짓고 지역 주민을 위한 행사를 여는 것도 지방 정부의 일이지요. 지방 정부를 이끄는 대표는 주민들이 직접 뽑은 지방 자치 단체장이에요.

 **3단계 창의 활동**

학급 임원 선거 연설문을 써 보세요

나는 어떤 회장이 되고 싶은지, 어떻게 학급에 보탬이 될지 생각하며 연설문을 써 보세요.
연설문에 공약을 실천할 수 있는 방법까지 쓰면, 친구들에게 더 신뢰 받을 수 있겠죠?

> 안녕하십니까?
> 저는 학급 임원 선거에 출마한 나민주입니다.
> 제가 회장이 된다면 반 친구 모두가 친하게
> 지낼 수 있는 반, 그러니까 왕따가 없는
> 반을 만들겠습니다.

학급 임원 선거 연설문

후보자 (이름)

4단계 개념 심화 학습: 지역의 일을 맡아 하는 지방 자치 단체

쓰레기가 쌓여 있던 민주네 마을 공터에는 멋진 모두사랑방이 들어섰어요. 마을 공터 문제를 주민들과 지방 자치 단체인 시청, 시 의회가 함께 해결한 덕분이지요. 민주네 마을처럼 우리나라에는 지역마다 지방 자치 단체가 있어요.

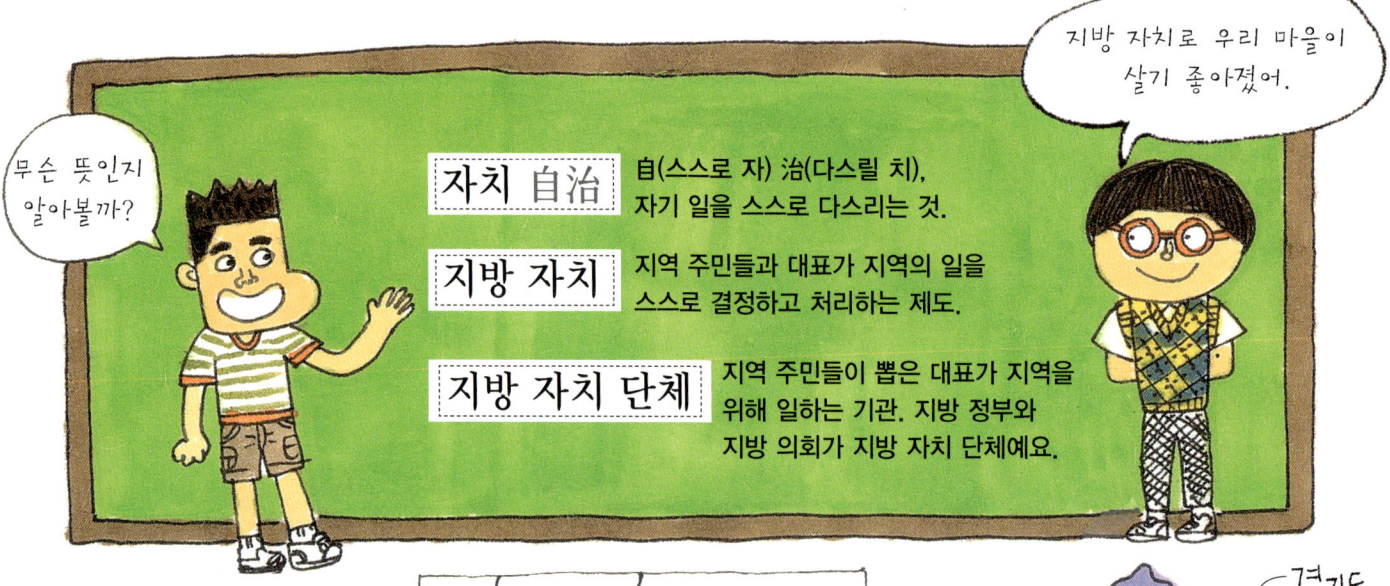

자치 自治 自(스스로 자) 治(다스릴 치), 자기 일을 스스로 다스리는 것.

지방 자치 지역 주민들과 대표가 지역의 일을 스스로 결정하고 처리하는 제도.

지방 자치 단체 지역 주민들이 뽑은 대표가 지역을 위해 일하는 기관. 지방 정부와 지방 의회가 지방 자치 단체예요.

광역 자치 단체 - 넓은 지역을 맡아요.
기초 자치 단체 - 좁은 지역을 맡아요.

지방 자치 단체에는 광역 자치 단체와 기초 자치 단체가 있어요.

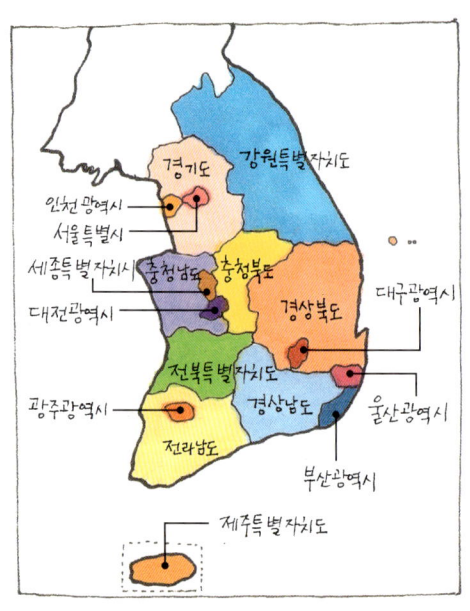

우리나라에는 서울특별시, 부산광역시, 경기도 등 17개의 광역 자치 단체가 있어요. 기초 자치 단체는 광역 자치 단체에 속해 있는 시, 군, 구예요.

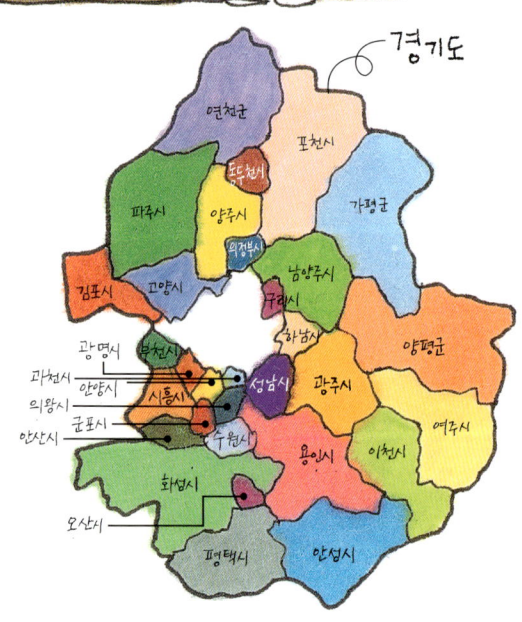

예를 들어, 경기도는 광역 자치 단체이고 경기도에 속해 있는 파주시, 양평군 등은 기초 자치 단체예요.

4단계 개념 심화 학습

나라의 일을 맡아 하는 세 기관

지역의 일은 주민들을 대신해 그들이 뽑은 지역의 대표가 맡아 해요. 그러면 나라의 일은 누가 국민을 대신해 결정하고 운영할까요?

> 나라를 다스리는 힘이 한 곳으로 몰리지 않도록 정부, 국회, 법원 세 곳에 힘이 나뉘어 있어요. 이를 삼권 분립이라고 해요.

나라를 운영하는 일은 누가 하지?

정부는 나라의 발전을 위해 여러 가지 계획을 세우고 실천해요. 정부는 국민이 직접 선거로 뽑은 대통령이 이끌어요.

누가 법을 만들까?

국회는 국민을 위한 법을 만들어요. 정부가 나라를 잘 운영하고 있는지 살피고, 나라 살림에 필요한 예산을 심사해요. 국회의원도 국민이 직접 선거로 뽑아요.

누가 법에 따른 옳고 그름을 따지지?

법원은 국민의 자유와 권리를 보호하고 법에 따라 사람들 사이의 다툼을 해결해요. 또한 다른 사람에게 피해를 준 사람에게 벌을 주어 안전한 사회가 되도록 도와요.

워크북 정답

55쪽
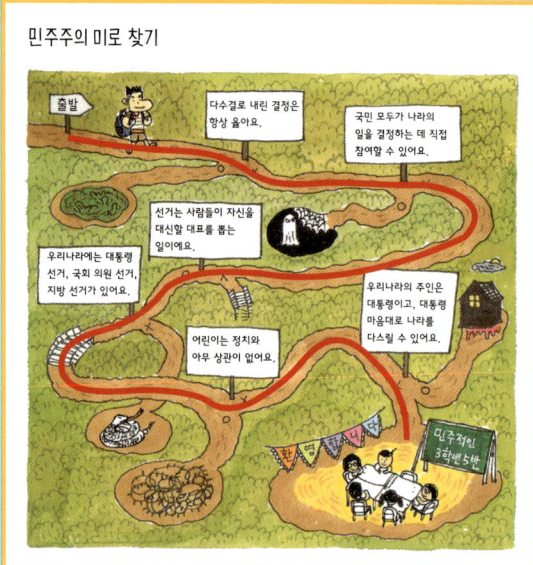

56쪽

57쪽

58쪽

교과서 개념 잡는 초등 사회그림책

선거와 민주주의

초판 1쇄 발행 2015년 11월 20일 | 초판 8쇄 발행 2025년 8월 11일

글 안선모 | 그림 송효정 | 감수 한국법교육센터

펴낸곳 (주)가나문화콘텐츠 | 펴낸이 김남전

편집장 유다형 | 편집 이경은 김경선 김성윤 | 디자인 양란희

마케팅 정상원 한웅 정용민 김건우 | 경영관리 김경미

출판등록 2002년 2월 15일 제10-2308호 | 주소 경기도 고양시 덕양구 호원길 3-2

전화 02-717-5494(편집부) 02-332-7755(관리부) | 팩스 02-324-9944

홈페이지 ganapub.com | 이메일 ganapub@naver.com

ISBN 978-89-5736-755-1 (74300)

　　　978-89-5736-744-5 (세트)

*책값은 뒤표지에 표시되어 있습니다.
*이 책의 내용을 재사용하려면 반드시 저작권자와 (주)가나문화콘텐츠 양측의 동의를 얻어야 합니다.
*잘못된 책은 구입하신 서점에서 바꾸어 드립니다.
*'가나출판사'는 (주)가나문화콘텐츠의 출판 브랜드입니다.

- 제조자명 : (주)가나문화콘텐츠
- 주소 및 전화번호 : 경기도 고양시 덕양구 호원길 3-2 / 02-717-5494
- 제조연월 : 2025년 8월 11일
- 제조국명 : 대한민국
- 사용연령 : 4세 이상 어린이 제품